DÉBORA GAROFALO

ROBÓTICA COM SUCATA

Ilustrações de Carlo Giovani e Weberson Santiago

1ª edição

2021

TEXTO © DEBORA GAROFALO, 2021
ILUSTRAÇÕES © CARLO GIOVANI E WEBERSON SANTIAGO, 2021

DIREÇÃO EDITORIAL: Maristela Petrili de Almeida Leite
COORDENAÇÃO DE EDIÇÃO DE TEXTO: Marília Mendes
EDIÇÃO DE TEXTO: Lisabeth Bansi, Patrícia Capano Sanchez,
Ana Caroline Eden, Thiago Teixeira Lopes, Giovanna Di Stasi
COORDENAÇÃO DE EDIÇÃO DE ARTE: Camila Fiorenza
ILUSTRAÇÕES DE CAPA: Carlo Giovani
ILUSTRAÇÕES DE MIOLO: Carlo Giovani, Weberson Santiago
PROJETO GRÁFICO E DIAGRAMAÇÃO: Michele Figueredo
COORDENAÇÃO DE ICONOGRAFIA: Luciano Baneza Gabarron
PESQUISA ICONOGRÁFICA: Marcia Mendonça
COORDENAÇÃO DE REVISÃO: Elaine C. del Nero
REVISÃO: Renata Palermo
COORDENAÇÃO DE *BUREAU*: Rubens M. Rodrigues
PRÉ-IMPRESSÃO: Everton L. de Oliveira, Vitória Sousa
COORDENAÇÃO DE PRODUÇÃO INDUSTRIAL: Wendell Jim C. Monteiro
IMPRESSÃO E ACABAMENTO: NB IMPRESSOS
LOTE: 782811
COD: 120002709

**Dados Internacionais de Catalogação na Publicação (CIP)
(Câmara Brasileira do Livro, SP, Brasil)**

Garofalo, Débora
　Robótica com sucata / Débora Garofalo ;
ilustrações Carlo Giovani, Weberson Santiago. —
1. ed. — São Paulo, SP : Moderna, 2021.

　ISBN 978-85-16-13336-8

　1. Educação - Efeito das inovações tecnológicas
2. Robótica 3. Robótica (Ensino fundamental)
4. Sustentabilidade 5. Tecnologia educacional
I. Giovani, Carlo. II. Santiago, Weberson. III. Título.

21-77987　　　　　　　　　　　　　　　CDD-372.358

Índice para catálogo sistemático:

1. Robótica : Ensino fundamental 372.358

Eliete Marques da Silva - Bibliotecária - CRB-8/9380

REPRODUÇÃO PROIBIDA. ART. 184 DO CÓDIGO PENAL E LEI Nº 9.610, DE 19 DE FEVEREIRO DE 1998.

Todos os direitos reservados
EDITORA MODERNA LTDA.
Rua Padre Adelino, 758 - Quarta Parada
São Paulo - SP - Brasil - CEP 03303-904
Vendas e atendimento: Tel. (11) 2790-1300
www.modernaliteratura.com.br
2023
Impresso no Brasil

Dedico esta obra aos meus estudantes que, um dia, ousaram sonhar comigo pela transformação da escola por meio do ensino de programação e robótica. A todos os professores e estudantes que sonham com uma escola inovadora e com uma aprendizagem significativa e, em especial, ao meu esposo e à minha filha, que gentilmente me incentivam a continuar a criar.

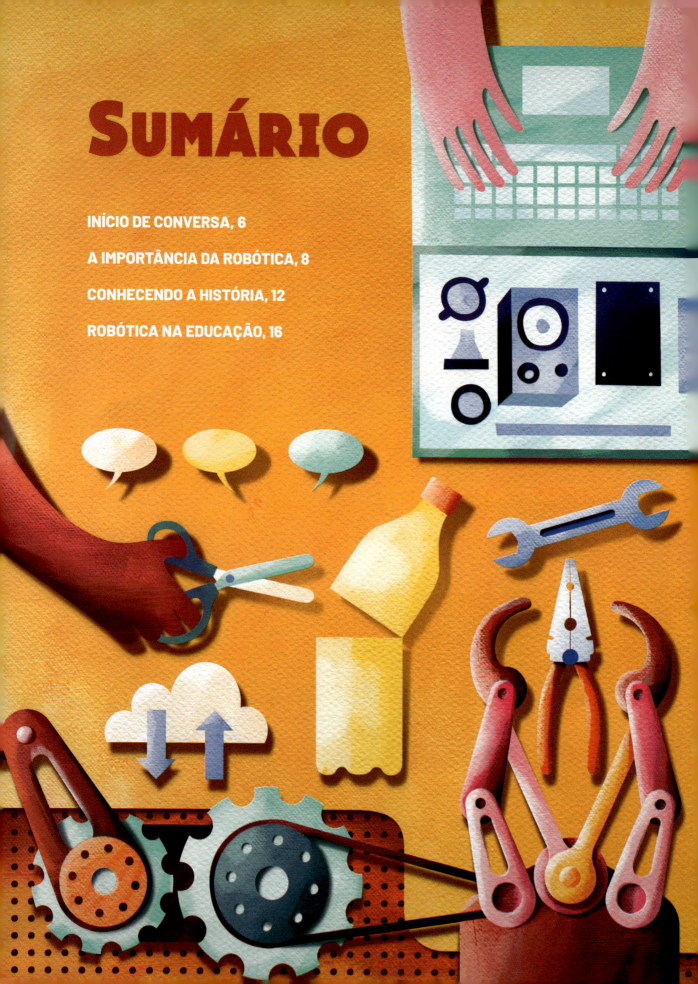

SUMÁRIO

INÍCIO DE CONVERSA, 6

A IMPORTÂNCIA DA ROBÓTICA, 8

CONHECENDO A HISTÓRIA, 12

ROBÓTICA NA EDUCAÇÃO, 16

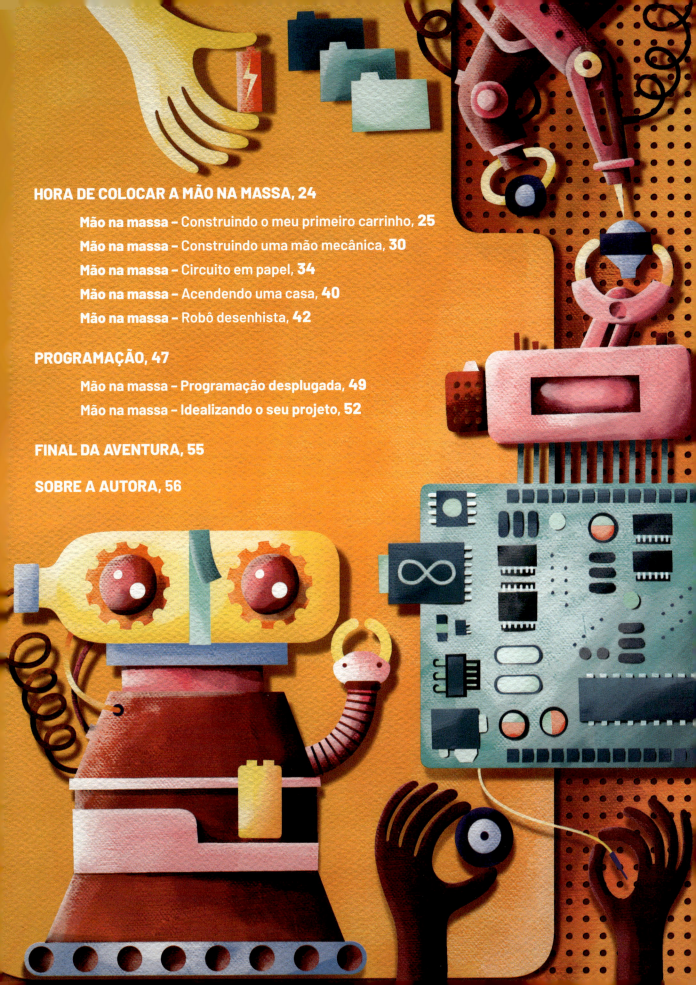

HORA DE COLOCAR A MÃO NA MASSA, 24

    Mão na massa – Construindo o meu primeiro carrinho, **25**

    Mão na massa – Construindo uma mão mecânica, **30**

    Mão na massa – Circuito em papel, **34**

    Mão na massa – Acendendo uma casa, **40**

    Mão na massa – Robô desenhista, **42**

PROGRAMAÇÃO, 47

    Mão na massa – Programação desplugada, **49**

    Mão na massa – Idealizando o seu projeto, **52**

FINAL DA AVENTURA, 55

SOBRE A AUTORA, 56

Início de conversa

Você já ouviu falar em cultura *maker* e em robótica? Sabe para que servem?

A cultura *maker* aborda o conceito do faça você mesmo e é um movimento nascido nas garagens dos Estados Unidos que se espalhou pelo mundo com a filosofia de consertar, modificar, fazer, construir — sempre usando as mãos.

O movimento *maker* está relacionado a muitas práticas, como costura, bordado, marcenaria, impressão 3-D, modelagem, programação e robótica, e está ancorado em alguns pilares, como sustentabilidade (ao aproveitar materiais), escalabilidade (produção em larga escala, com custos reduzidos) e compartilhamento de ideias.

Com o avanço da cultura *maker*, as indústrias têm utilizado a tecnologia, por exemplo, nas impressoras 3-D e nas cortadoras a *laser*. Um exemplo disso é a confecção de máscaras, revestimentos para paredes em 3-D, entre outras.

A cultura *maker* está relacionada à robótica, que é responsável por sistemas mecânicos automatizados, controlados por placas programáveis. Tanto a cultura *maker* como a robótica estão presentes em muitas ações do nosso cotidiano: escadas rolantes, porteiros eletrônicos, assistentes virtuais, equipamentos para realização de cirurgias e equipamentos espaciais, dentre outros.

Neste livro, teremos a oportunidade de conhecer mais sobre a cultura *maker* e a robótica, desvendando curiosidades e colocando a mão na massa ao dar os primeiros passos na construção de alguns projetos, usando materiais recicláveis e praticando ações sustentáveis e, em outros projetos, utilizando, além de materiais não estruturados, componentes eletrônicos de baixos recursos. Vamos juntos?!

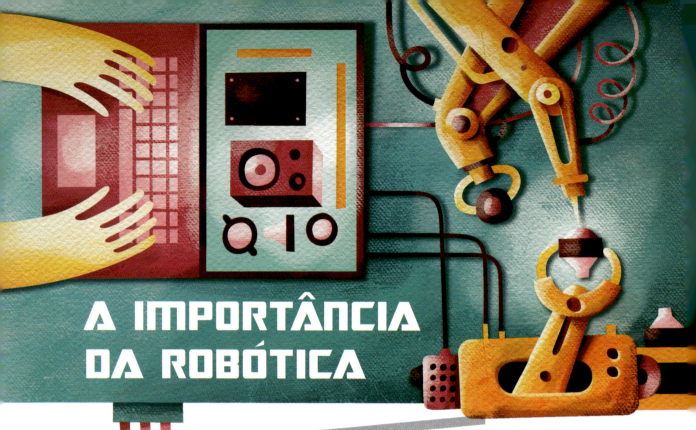

A IMPORTÂNCIA DA ROBÓTICA

Protótipo de carro feito com a ajuda da robótica.

Indústria automobilística com robôs.

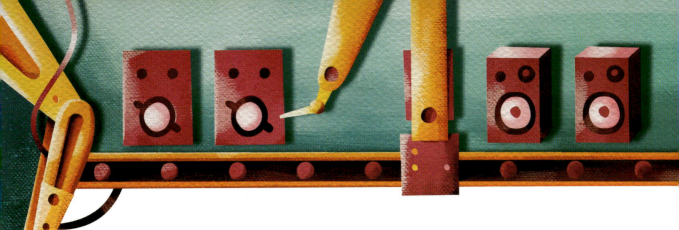

A robótica é uma ciência que apoia diferentes ações que podem estar relacionadas a processos industriais, à saúde, enfim, ao nosso bem-estar. A robótica desenvolve as tecnologias dos computadores, robôs e *softwares*.

Em uma fábrica, a robótica é responsável pelos processos em larga escala ou em grandes quantidades, como, por exemplo, na produção de um carro. O processo de construção civil também já é realizado por robôs, assim como a fabricação de bolos industriais e até sapatos, deixando o trabalho mais seguro, fácil e produtivo, reduzindo os custos e aumentando a quantidade. Com isso, a robótica ajuda a eliminar o trabalho indigno.

©Jenson/Shutterstock

A robótica também serve para apoiar a vida humana: há robôs que realizam cirurgias com uma precisão maior do que a do ser humano, além de contribuir com as pessoas que, por algum motivo de doença ou necessidade física, precisam de próteses robóticas ou marcapassos. São chamados de **ciborgues**.

Ciborgues: Pessoas que possuem partes eletromecânicas em seu corpo, como próteses, são comumente chamadas de ciborgues. Essa palavra vem da junção das palavras inglesas: cyber e organism, isto é, organismo cibernético.

Temos, também, robôs de exploração, como: sondas espaciais, *rovers* lunares, robôs submarinos, que viajam sozinhos para galáxias distantes ou para o fundo do mar. Esses robôs servem para nos ajudar a descobrir coisas novas sobre o Universo em que vivemos.

saiba +

Sondas espaciais são naves não tripuladas utilizadas para a exploração remota de outros planetas, satélites, asteroides ou cometas.

Rovers planetários são veículos robóticos especialmente projetados para mover-se na superfície de um planeta.

Há também robôs que contribuem com o nosso bem-estar, na realização dos nossos afazeres domésticos, como cortadores de grama automáticos e aspiradores de pó.

E o mais importante: a robótica contribui com a educação, no processo de ensino-aprendizagem. O processo de criar e montar robôs estimula o raciocínio lógico, a criatividade e a inventividade.

CONHECENDO A HISTÓRIA

Agora que sabemos da importância da robótica para a humanidade e para o processo de aprendizagem, vamos nos aprofundar na sua história, que se confunde com a da civilização humana.

CURIOSIDADE

A palavra *robô* foi usada pela primeira vez pelo escritor tcheco Karel Capek (1890-1938). Ele usou o termo em sua peça de teatro "R.U.R" (*Rossum's Universal Robots*), em 1921. Inicialmente, Capek estava decidido a usar o termo "autômatos", mas acabou por usar a palavra *roboti* (do tcheco, *robota*, trabalho forçado), que deu origem ao termo robô.

Foto de Karel Capek e de um autômato.

Se observarmos a história da civilização, vamos perceber que desde os primórdios foram desenvolvidos muitos aspectos de inovação e de criatividade em busca da sobrevivência humana, como a descoberta do fogo, as pinturas rupestres, as moradias, a coleta de água, todas ideias inovadoras para a época e que nos ajudaram a pensar sobre muitas questões para os dias de hoje. Com o passar do tempo, mais inovações foram criadas: a energia elétrica, o automóvel, o telefone etc.

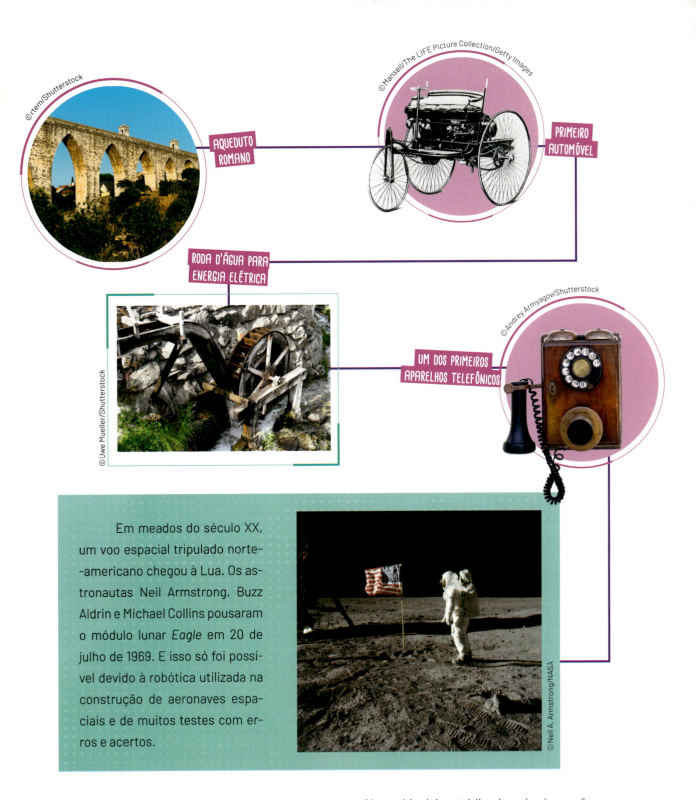

AQUEDUTO ROMANO

PRIMEIRO AUTOMÓVEL

RODA D'ÁGUA PARA ENERGIA ELÉTRICA

UM DOS PRIMEIROS APARELHOS TELEFÔNICOS

Em meados do século XX, um voo espacial tripulado norte-americano chegou à Lua. Os astronautas Neil Armstrong, Buzz Aldrin e Michael Collins pousaram o módulo lunar *Eagle* em 20 de julho de 1969. E isso só foi possível devido à robótica utilizada na construção de aeronaves espaciais e de muitos testes com erros e acertos.

Nossa história está ligada pelas invenções e pela busca da inovação que desperta a nossa criatividade! A robótica veio contribuir com a busca de um mundo melhor. No entanto, esse mundo só faz sentido se houver interações humanas.

13

Leonardo da Vinci (Itália, 1452-1519) foi uma das figuras mais importantes no período renascentista (período da história da Europa que ocorreu entre meados do século XIV e o fim do século XVI). Ele se destacou como cientista, matemático, engenheiro, inventor, anatomista, pintor, escultor, arquiteto, botânico, poeta e músico. É ainda conhecido como o precursor da aviação. Por isso, podemos afirmar que ele foi um **polímata**. Da Vinci foi reconhecido pelo seu grande talento na arte, mas foi além do seu tempo, e sua curiosidade fez com que desenvolvesse diversos projetos que se tornaram invenções incríveis e importantes. Entre as invenções de Leonardo, estão:

Polímata: *Pessoa cujo conhecimento não está restrito a uma única área.*

Escafandro: vestimenta impermeável e fechada, usada por mergulhadores profissionais para trabalhos demorados debaixo d'água. O escafandro de Leonardo foi feito em couro e cortiça, com muita criatividade, para atacar navios turcos pelo fundo do mar.

Autômatos: o artista fez um leão e um cavaleiro medieval que funcionavam como brinquedos de corda.

©Alain Jocard/AFP/Getty Images-Château du Clos Lucé Billets, Amboise, França

©leemage/Leemage/AFP-Museo della scienza e della tecnologia leonardo da vinci, Milan, Italie.

A **Engenharia** é um campo de estudo em que é usado o conhecimento científico, econômico, social e prático, com o intuito de inventar, desenhar, construir, manter e melhorar estruturas, máquinas, aparelhos, sistemas, materiais e processos.

Também é uma profissão em que se adquire e se aplicam os conhecimentos matemáticos e técnicos na criação, aperfeiçoamento e implementação de utilidades que realizem uma função ou objetivo, sendo uma área bastante abrangente e cheia de possibilidades.

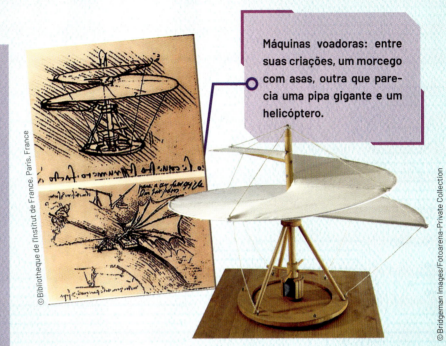

Máquinas voadoras: entre suas criações, um morcego com asas, outra que parecia uma pipa gigante e um helicóptero.

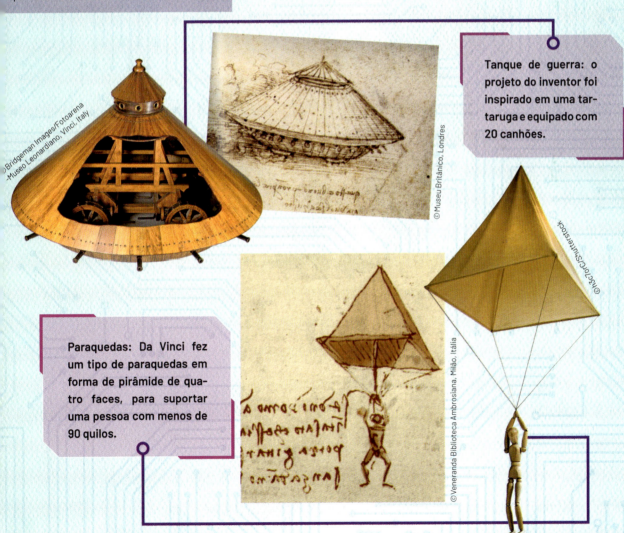

Tanque de guerra: o projeto do inventor foi inspirado em uma tartaruga e equipado com 20 canhões.

Paraquedas: Da Vinci fez um tipo de paraquedas em forma de pirâmide de quatro faces, para suportar uma pessoa com menos de 90 quilos.

ROBÓTICA NA EDUCAÇÃO

A robótica vem contribuindo muito com a Educação por proporcionar um aprendizado diferenciado e trabalhar com conceitos "mãos na massa", ao mobilizar as diferentes áreas do conhecimento, como Língua Portuguesa, Matemática, História, Geografia, Ciências, Artes, para a construção de resoluções de problemas, além de envolver o desenvolvimento de outras habilidades, como **raciocínio lógico**, **colaboração** e **empatia**.

Para desenvolver a robótica na educação, vamos conhecer o trabalho feito com sucata, que servirá de inspiração para realizarmos os nossos projetos mão na massa.

Na educação é possível realizar o trabalho com robótica usando um *kit* especializado composto de peças de encaixar ou peças prontas com componentes eletrônicos, assim como podem ser usados materiais não estruturados (recicláveis), aliados a componentes eletrônicos.

Raciocínio lógico: é sempre usado para resolver um problema de maneira sequencial ou para construir uma argumentação.

Colaboração: é a habilidade de realizar um trabalho em parceria, que propõe ajuda.

Empatia: é a habilidade de ser solidário com o outro, compreender emoções e sentimentos das outras pessoas.

Meu trabalho de Robótica com sucata

O trabalho de robótica com sucata nasceu da vontade de ensinar crianças e jovens de comunidades carentes da cidade de São Paulo, por meio da aprendizagem com as mãos, e envolve criatividade e resolução de problemas reais, com a utilização do lixo descartado de maneira incorreta na comunidade.

A partir do uso de materiais recicláveis e componentes eletrônicos para criar objetos com diferentes funcionalidades, o aproveitamento de materiais como papelão, plástico, alumínio, madeira e componentes eletrônicos como motores, fios e conectores ajuda o meio ambiente, retirando dele parte do lixo descartado.

Os componentes eletrônicos, ligados a uma placa programável que faz os objetos funcionarem, dão vida aos projetos iniciais, que chamamos de **protótipos**.

A partir do projeto de robótica com sucata já experimentado, vamos realizar alguns projetos e aprender mais sobre o assunto para que você dê os primeiros passos no universo mão na massa e construa coisas incríveis.

O projeto de robótica com sucata já retirou mais de 1 tonelada de lixo das ruas de São Paulo e ganhou 10 prêmios, sendo conhecido nacional e internacionalmente. A lei nº 17.256, de 27 de dezembro de 2019, mudou a maneira de ensinar e aprender robótica no Brasil.

Protótipo: é algo feito pela primeira vez, é o projeto inicial, e recebe esse nome por ser único, e não em grande quantidade.

Fotos: Arquivo da autora

AÇÕES SUSTENTÁVEIS

Praticar uma ação sustentável é colaborar com uma atitude que ajude a cuidar do meio ambiente e do planeta.

Você colabora com o meio ambiente? Responda às questões.

Você economiza as folhas do caderno?

Você reutiliza potes e garrafas?

Você recicla materiais?

Você sai rápido do banho e nunca deixa a torneira aberta enquanto escova os dentes?

TENHA AÇÕES SUSTENTÁVEIS!

Se você respondeu NÃO a alguma das perguntas, precisa rever suas atitudes. Se respondeu NÃO a todas elas, precisa estudar mais sobre o assunto e mudar todas as atitudes.

20

Descartando corretamente

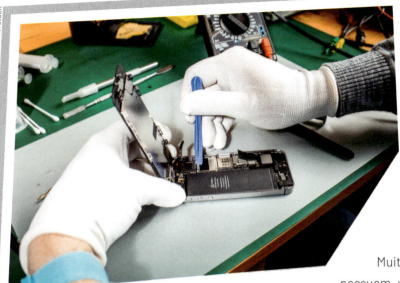

Muitos equipamentos que temos hoje possuem uma obsolescência programada, isto é, as empresas programam o tempo de vida útil de seus produtos para que durem menos do que a tecnologia desenvolvida. No entanto, o descarte desses produtos pode gerar danos irreparáveis ao meio ambiente. Uma maneira de lidar com esse problema é reaproveitar aparelhos que podem ser desmontados e suas peças usadas para fazer novos projetos.

No caso do aparelho celular, por exemplo, é possível aproveitar o motor que vibra, os fios, a bateria. E é isso que o trabalho de robótica com sucata propõe: reutilizar componentes para criar outros projetos sem a necessidade do descarte desses materiais, vivenciando uma **prática sustentável**.

> Lembre-se sempre de que, quando for necessário descartar materiais eletrônicos, você deve levá-los para os postos e locais adequados. Muitos supermercados e prefeituras possuem pontos de coleta desses materiais. Nunca descarte materiais eletrônicos junto com o lixo orgânico, pois esses materiais podem ser muito prejudiciais à saúde e ao meio ambiente.

UMA CONVERSA SOBRE AÇÃO SUSTENTÁVEL

Nosso planeta é muito rico em recursos naturais, flora e fauna, temos tudo o que precisamos para sobreviver nele, mas **é necessário redobrar a atenção e cuidar** desses recursos.

Temos enfrentado diversos problemas relacionados a poluição, aquecimento global, animais em extinção e chegou a hora de reverter essa situação com práticas sustentáveis. Dentre as ações que podemos realizar, destacamos:

RECICLE MATERIAIS!

Os materiais podem ser recicláveis ou orgânicos. Orgânicos são os resíduos de alimentos, por exemplo. Os recicláveis são todos os materiais que podem ser transformados em outros para continuarem úteis. Existem diversos lugares que aceitam recicláveis e em algumas cidades e estados existe a coleta seletiva. Além disso, você pode fazer um ponto de coleta na sua escola.

REDUZA A IMPRESSÃO DE PAPÉIS!

Pense antes de imprimir. A economia de tinta e de papel é gigantesca. Quanto mais se imprime, mais se fabrica papel e isso faz com que sejam derrubadas mais árvores, aumentando o aquecimento global e diminuindo a qualidade do ar e da água.

saiba +

Para produzir uma tonelada de papel é emitida mais de 1,5 tonelada de gás carbônico!

22

FAÇA COMPOSTAGEM!

O ato de transformar resíduos orgânicos em adubo é benéfico para o meio ambiente. Pesquise como se faz e ponha em prática em sua casa.

DIMINUA O CONSUMO DE ENERGIA!

Tome banhos rápidos, desligue luzes de cômodos onde não há pessoas, opte por aparelhos de baixo consumo de energia, feche bem a porta da geladeira.

PARA PENSAR...

Converse com seus familiares e amigos: muitas dessas ações podem ser aplicadas para desenvolver projetos partindo dos 5Rs: reduzir, reciclar, reutilizar, recusar e repensar.
→ REDUZA a quantidade de lixo;
→ RECICLE tudo o que for possível;
→ REUTILIZE embalagens, latas, caixas;
→ RECUSE o consumo desnecessário;
→ REPENSE todas as ações que podem sujar e destruir o meio ambiente.

Sabe aquela história que escutamos sempre, se cada um fizer a sua parte teremos um mundo melhor? Chegou a hora de praticar!

23

HORA DE COLOCAR A MÃO NA MASSA

A cultura *maker* e a robótica parecem ser algo complicado, com muitos detalhes e palavras difíceis, mas ao longo da nossa aventura você verá que é fácil trabalhar com elas e logo estará montando seus próprios projetos, usando as mãos para fazer coisas incríveis.

Chegou a hora de colocar a mão na massa e de aprender alguns conceitos, como, por exemplo:

Vamos juntos desvendar caminhos e realizar experiências para que você se familiarize com alguns componentes elétricos que permitirão, no decorrer deste livro, construir, controlar e projetar utilizando materiais que você tem em casa e, ao mesmo tempo, ajudar o planeta reciclando, reutilizando materiais e praticando ações sustentáveis.

Construindo o meu primeiro carrinho

Para construir o carrinho, além de praticar ações sustentáveis como reciclar materiais que temos em casa e usar a criatividade, vamos usar a força elástica.

Seja legal, pratique ações sustentáveis

Para construir o carrinho, vamos usar alguns dos 5 Rs:

- **Reciclar**, aproveitando materiais que seriam jogados fora.
- **Reutilizar**, dando um novo sentido ao que seria descartado.
- **Reduzir** o lixo e ajudar o meio ambiente.

O que é força elástica?

Força elástica é a força exercida sobre um objeto que possui elasticidade, por exemplo, uma mola, borracha ou elástico. Essa força determina a deformação do objeto quando ele se estica ou se comprime. Isso dependerá da direção da força aplicada.

Observe a mola. Ela é um objeto que, ao ser apertado, se comprime.

Materiais necessários

- Tesoura sem ponta
- 4 tampinhas de garrafa
- Canudinhos de papelão
- 3 palitos de sorvete
- 3 elásticos
- 1 régua
- Cola branca (ou cola quente, com a ajuda de um adulto)
- Palitos de churrasco

Curiosidade

Você sabia que o primeiro carro foi movido a vapor e construído em 1769 por um engenheiro francês? Ele foi planejado para transportar peças de artilharia do exército da França, mas sua velocidade não passava de 3 km por hora!

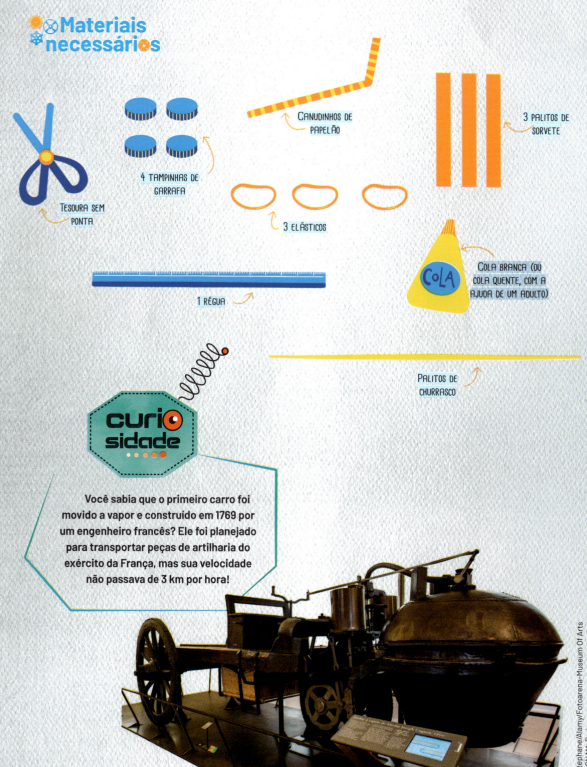

©GAUTIER Stephane/Alamy/Fotoarena-Museum Of Arts And Industry, CNAM, Paris

Siga o mestre: Passo a passo

Siga o esquema abaixo para fazer a base do carrinho:

saiba +

"Siga o mestre:" é uma brincadeira em que um dos participantes é o mestre e deve dar ordens para que os demais possam cumpri-las, sempre acompanhadas de palavras de ordem. Que tal convidar os amigos para seguir os passos e criar projetos com você?

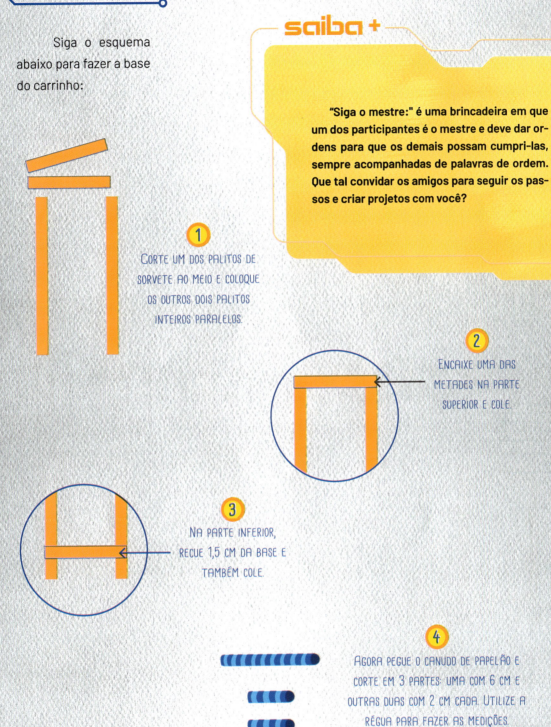

1. Corte um dos palitos de sorvete ao meio e coloque os outros dois palitos inteiros paralelos.

2. Encaixe uma das metades na parte superior e cole.

3. Na parte inferior, recue 1,5 cm da base e também cole.

4. Agora pegue o canudo de papelão e corte em 3 partes: uma com 6 cm e outras duas com 2 cm cada. Utilize a régua para fazer as medições.

27

5 Cole o canudo maior, de 6 cm, na parte superior dos palitos e os canudos menores, de 2 cm, nas extremidades de baixo dos palitos.

6 O próximo passo é cortar o palito de churrasco em 4 partes. Utilize a régua para medir e fazer as marcações. Corte dois pedaços com 1 cm e dois pedaços com 8 cm cada.

7 Cole uma tampinha em um dos lados dos palitos de 8 cm. Os palitos precisam ficar posicionados bem no meio da tampinha, para que possamos construir os eixos da rodinha.

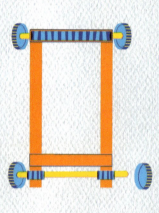

8 O próximo passo é passar o palito por dentro do canudo e colar a outra tampinha. Repita a operação do outro lado. Os eixos estão prontos.

9 Na sequência, vamos colar pedaços de palitos de 1 cm na frente e na parte traseira e esperar secar. Na parte traseira, esse pedaço tem de passar entre um pedaço da madeira e o outro, conforme a ilustração.

Cole os pedaços de 1 cm do palito como aparece no desenho. Na parte inferior, deixe 0,5 cm para passar o elástico.

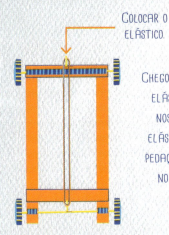

Colocar o elástico.

 10

Chegou o momento de colocar a força elástica em ação! Vamos fazer o nosso carro funcionar. Prenda o elástico de uma ponta a outra nos pedaços de palito que foram colados no centro dos eixos do carrinho.

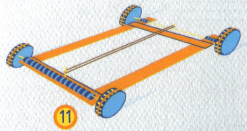

 Lembre-se de que você pode fazer o projeto substituindo algum material ou ainda personalizar da maneira que achar mais adequada. Vale usar a criatividade para inovar com o seu projeto.

11

Coloque um elástico em cada roda traseira para dar aderência ao carro. Mova o carro para trás. O elástico irá se esticar e enrolar na peça de madeira colada na parte traseira. Dê três voltas e solte o carrinho. Está pronta sua primeira invenção!

ORGANIZANDO UM CAMPEONATO COM OS AMIGOS

Que tal aproveitar o momento para organizar um campeonato com os amigos? Reúna-se com eles e ensine-os a fazer o carrinho. Crie as regras do campeonato. Por exemplo, determine um tempo para colocar corda no carrinho e iniciar a corrida. Para fazer o circuito, use fita crepe para demarcar a largada. Vencerá o carrinho que percorrer o maior percurso.

Mão na massa

CONSTRUINDO UMA MÃO MECÂNICA

Criar é muito legal, não é mesmo? É incrível entender o funcionamento das coisas, testar, errar, aprender com o erro, testar novamente e experimentar novos materiais, além de tirar dúvidas sobre essa aprendizagem.

Ao mesmo tempo que construímos, aprendemos, colocando em prática muitos dos conhecimentos que vimos na escola, com os professores, ou fora dela, com nossos familiares e amigos.

Agora, vamos construir uma mão mecânica! Esse objeto é muito importante para as pessoas que não têm ou perderam os movimentos da mão, para as indústrias e ainda para a medicina poder realizar cirurgias precisas e delicadas.

A ideia é construirmos a mão mecânica usando materiais recicláveis que temos em casa, como o papelão.

saiba +

Sabe por que usaremos papelão neste protótipo? Porque, mesmo que seja descartado de maneira incorreta, ele demora apenas cerca de 6 meses para se decompor na natureza. Além disso, ainda podemos reaproveitá-lo para construir muitas outras coisas. Mesmo assim, é melhor descartá-lo corretamente.

Curiosidade

O pianista e maestro João Carlos Martins voltou a tocar piano após ganhar uma luva biônica. Ele havia perdido os movimentos dos dedos após mais de vinte cirurgias para eliminar as dores que sentia por causa de vários acidentes ocorridos ao longo da vida.

Maestro João Carlos Martins com as luvas biônicas.

Siga o mestre: Passo a passo

Dica

Lembre-se: Caso não possua algum dos materiais, você poderá substituí-lo por outro. Por exemplo, você pode usar uma corda fina, linha ou até elástico para substituir o barbante. Use sua criatividade!

Materiais necessários

1 pedaço de papelão de 50 cm x 50 cm

Fita adesiva, ou fita crepe, ou cola branca

1 metro de barbante

2 canudinhos de papelão

1 grampo de cabelo

1 caneta

Tesoura sem ponta

31

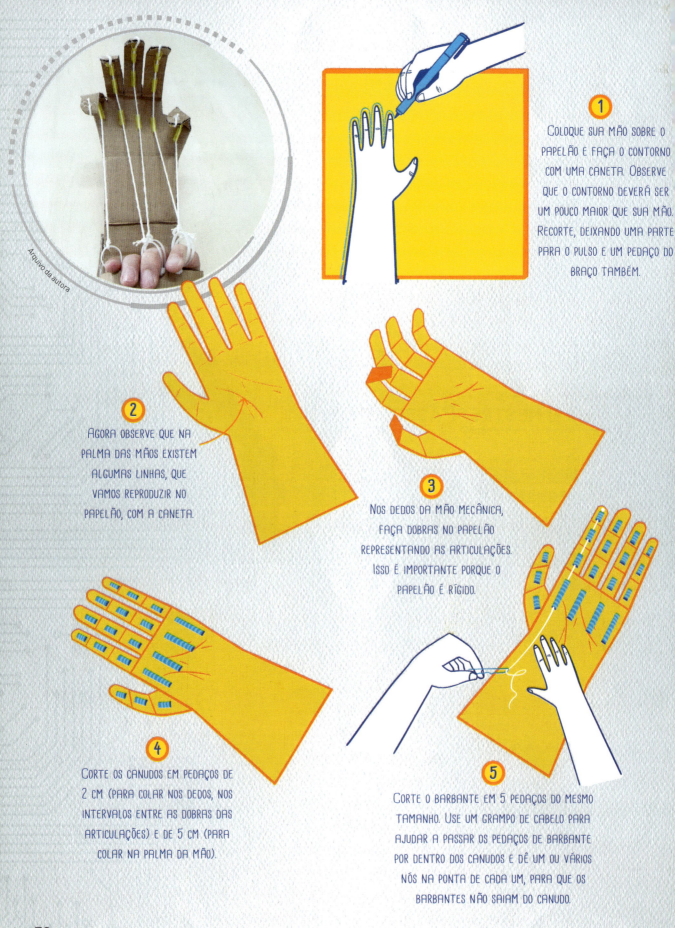

Arquivo da autora

① Coloque sua mão sobre o papelão e faça o contorno com uma caneta. Observe que o contorno deverá ser um pouco maior que sua mão. Recorte, deixando uma parte para o pulso e um pedaço do braço também.

② Agora observe que na palma das mãos existem algumas linhas, que vamos reproduzir no papelão, com a caneta.

③ Nos dedos da mão mecânica, faça dobras no papelão representando as articulações. Isso é importante porque o papelão é rígido.

④ Corte os canudos em pedaços de 2 cm (para colar nos dedos, nos intervalos entre as dobras das articulações) e de 5 cm (para colar na palma da mão).

⑤ Corte o barbante em 5 pedaços do mesmo tamanho. Use um grampo de cabelo para ajudar a passar os pedaços de barbante por dentro dos canudos e dê um ou vários nós na ponta de cada um, para que os barbantes não saiam do canudo.

6 Na parte da palma da mão, faça laços nas pontas dos barbantes deixando espaço para que seus dedos se encaixem. Veja a figura.

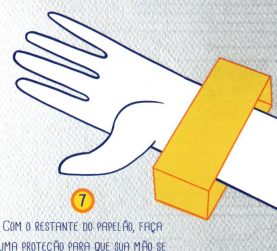

7 Com o restante do papelão, faça uma proteção para que sua mão se encaixe dentro dela. Meça seu pulso e corte com 10 cm a mais. Enrole e cole como uma pulseira.

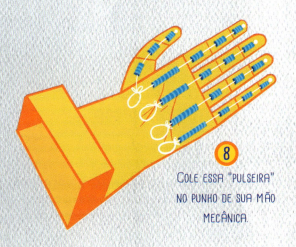

8 Cole essa "pulseira" no punho de sua mão mecânica.

9 Com os dedos encaixados nos barbantes, faça movimentos com apenas um dos dedos para verificar se está funcionando. Se o dedo de papelão não dobrar, verifique o erro e refaça os passos. Se sua mão mecânica dobrar e fechar, estará pronta para você se divertir com seus amigos.

Você sabia?

Observe o fechamento e a abertura da sua mão. Você sabe por que ela funciona dessa maneira? Isso acontece porque o cérebro emite um comando muito rápido ao corpo quando você quer fazer qualquer movimento. Incrível, não é?!

Mão na massa

Circuito em papel

Quanta coisa legal podemos criar usando as mãos, a criatividade e a inventividade e reaproveitando materiais que seriam descartados, não é mesmo? Produzimos dois protótipos sem utilizar conhecimentos eletrônicos. Agora chegou o momento de conhecermos como funciona um circuito elétrico, que faz funcionar uma lâmpada, um motor, entre outros.

Com esse conhecimento, você poderá fazer coisas incríveis. Vamos lá?!

Circuito elétrico e circuito eletrônico

Um **circuito elétrico** é a ligação de elementos elétricos, tais como motores, *LEDs*, interruptores, de modo que formem um caminho fechado para a passagem de corrente elétrica. No circuito elétrico não é possível controlar a intensidade da corrente elétrica. Ao acender e apagar a luz, há um circuito elétrico trabalhando.

Em um **circuito eletrônico** é possível controlar a intensidade da corrente elétrica. Por exemplo, em um ventilador temos um circuito eletrônico que nos permite controlar a intensidade e a velocidade do vento.

Os **circuitos em papel** são reproduções de um circuito elétrico usando **LEDs** (pequenas lâmpadas), papel alumínio e baterias para funcionar. Os LEDs podem ser retirados de brinquedos quebrados e as baterias podem ser reaproveitadas das balanças ou relógios. Por meio dos circuitos em papel você vai aprender como funciona um circuito elétrico. Podemos usar esses circuitos para realçar um desenho, uma pintura, fazer um cartão, entre outras coisas.

LED: é uma sigla em inglês (Light-Emitting Diode) que significa "diodo emissor de luz". É um componente eletrônico com a mesma tecnologia utilizada nos chips dos computadores. O LED transforma a energia elétrica em luz.

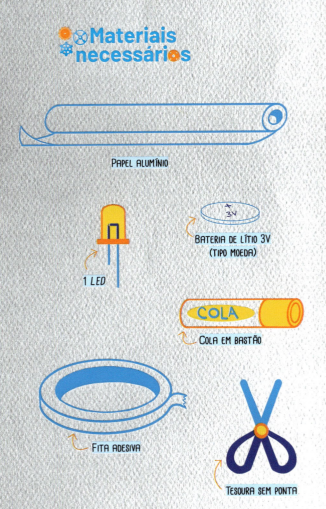

Materiais necessários

Papel alumínio

1 LED

Bateria de lítio 3V (tipo moeda)

Cola em bastão

Fita adesiva

Tesoura sem ponta

Testando o LED

Antes de iniciar o projeto, vamos testar o LED para verificar se está funcionando? O lado positivo é a haste maior e o negativo, a haste menor. Coloque a bateria entre as hastes do LED; se não funcionar, inverta o lado. Se continuar não funcionando, a bateria ou o LED podem estar com problemas e precisam ser substituídos.

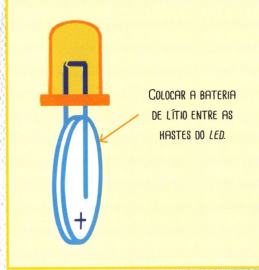

Colocar a bateria de lítio entre as hastes do LED.

35

Siga o mestre: Passo a passo

O alumínio é um condutor de energia, por isso vamos utilizar papel-alumínio para criar o "circuito em papel" com o objetivo de acender um *LED*.

A figura a seguir vai funcionar como um guia para ajudá-lo. Inicie cortando tiras de alumínio de 2 cm de largura e siga as orientações:

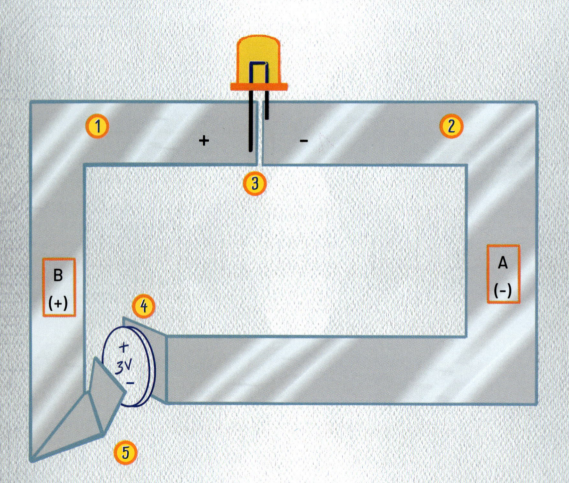

Cole a tira de alumínio de 2 cm de largura em toda a extensão em que está marcado o condutor positivo (+); no canto, dobre a tira para cobrir todo o desenho. Não corte nem rasgue o papel-alumínio.

Proceda da mesma forma em toda a extensão em que está marcado o condutor negativo (-).

Posicione o *LED* no lugar do desenho. Dobre as hastes do *LED* e observe o polo positivo (a perna mais longa) e o polo negativo (a perna mais curta). Fixe as hastes com a fita adesiva por cima e em contato com as tiras de papel-alumínio.

Posicione a bateria com o lado negativo em contato com o lado negativo da tira de papel-alumínio. Fixe-a com fita adesiva nas laterais de forma a deixar a área central da bateria exposta.

Para fechar o circuito e criar um interruptor, dobre o papel no local indicado. Quando você faz a dobra, o lado positivo entra em contato com o negativo e faz o *LED* acender.

Caso o *LED* não acenda, verifique se as conexões realizadas estão corretas e faça os ajustes necessários, refazendo o processo.

MASSINHA CONDUTIVA

Além do alumínio, existem outros condutores, como metais e cobre, mas também podemos criar massinhas condutivas que auxiliam no funcionamento de um *LED*. Veja essa receita simples para você fazer. É importante pedir ajuda a um adulto.

Ingredientes

- 1 xícara de água
- 1 1/2 xícara de farinha de trigo
- 1/4 de xícara de **sal** de cozinha
- 3 colheres de sopa de vinagre
- 1 colher de sopa de óleo vegetal
- Corante de alimento (opcional)

Modo de fazer

Misture todos os ingredientes em uma panela de tamanho médio, reservando meia xícara de farinha para usar no final. Cozinhe em fogo médio mexendo continuamente. Quando a mistura tiver engrossado bastante e formado uma bola de massa dentro da panela, retire do fogo e deixe esfriar por alguns minutos. Coloque, então, em uma superfície plana e levemente enfarinhada. Lentamente, vá acrescentando meia xícara de farinha à massa, sempre amassando com as mãos, até que tenha atingido a consistência de massinha.

O **sal** é o verdadeiro condutor de eletricidade na massinha.

AGORA QUE VOCÊ JÁ SABE FAZER A MASSINHA, QUE TAL TESTÁ-LA?

CIRCUITO DE MASSINHA

Materiais necessários:

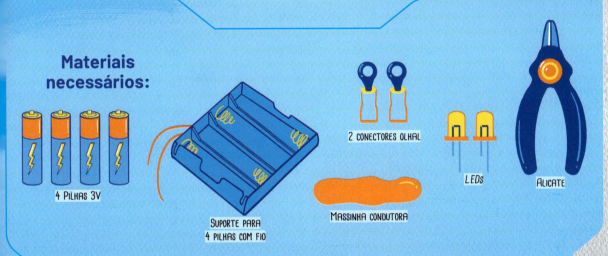

Para iniciar o circuito, é necessário fixar, com a ajuda de um alicate, o suporte-olhal em cada ponta do fio do suporte de pilha; coloque as pilhas no suporte e na sequência separe dois pedaços de massinha e conecte o polo positivo da bateria em um dos pedaços e o polo negativo no outro pedaço. Agora, conecte o *LED* com seus polos correspondentes na massinha. É importante que as massinhas não se toquem. Após esse teste inicial, use a sua criatividade para inventar.

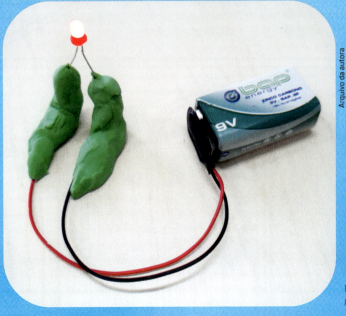

Exemplo de como ficará seu circuito de massinha condutora.

39

Acendendo uma casa

Vamos usar o circuito em papel que você já aprendeu para iluminar uma casa? Agora é sua vez de desenvolver o projeto. Você vai usar os mesmos materiais que usou para o circuito em papel.

Desenhe uma casa em uma folha de sulfite. Pode colorir, do jeito que preferir.

Na parte de trás da folha, desenhe o circuito. Posicione o LED exatamente no lugar em que você quer que a luz ilumine a casa na parte da frente do papel.

Depois, siga as mesmas orientações anteriores para reproduzir o circuito em papel e deixar sua casa iluminada. Teste o LED para ver se está funcionando.

Exemplo de casa:

Exemplo de circuito:

Agora é com você: Criando um cartão

Que tal desenvolver um cartão com circuito em papel para dar de presente a familiares ou amigos? Faça um cartão (de aniversário, ou Natal, ou qualquer outra data comemorativa) e marque o ponto que você quer iluminar. Faça o circuito em papel na parte de trás do cartão e um furinho no local em que a luz deve passar. Após testar se o *LED* está acendendo, cole um outro papel escondendo o circuito e finalize o cartão.

Mão na massa

ROBÔ DESENHISTA

Quanta coisa bacana estamos construindo com as nossas mãos, com baixos recursos e utilizando materiais recicláveis, não é?

Neste projeto, vamos aprender a construir um robô que desenha de verdade, usando os conceitos que aprendemos no projeto anterior de circuito elétrico, mas com um componente novo, o **interruptor**. Assim, usando a criatividade, vamos fazer um robô que irá se movimentar e realizar alguns desenhos circulares, como **pontilhismo**.

Interruptor: é um dispositivo simples, mas muito útil, usado para ligar e desligar um circuito elétrico. Ele foi criado pelo médico Golding Bird, em meados do século XIX. Você vai encontrar interruptores em redes, tomadas e entradas de aparelhos eletrônicos.

Pontilhismo: é uma técnica de pintura impressionista, do final do século XIX, em que o artista utiliza pequenas manchas ou pontos para formar as imagens.

Georges Seurat. Estudo para o Chahut, 1890. Pontilhismo - óleo sobre madeira, 21,8 × 15,8 cm.

©Courtauld Institute of Art, London, UK

Dica de Segurança

Neste projeto, vamos utilizar materiais que requerem cuidados, como cola quente, alicate e descascador de fio. É muito importante pedir ajuda a algum familiar mais velho e se proteger, para evitar acidentes.

Materiais necessários

1 pote de iogurte

4 canetinhas de diferentes cores

Dica

Não se esqueça de que parte desse material pode ser retirada de eletrodomésticos ou brinquedos quebrados.

2 pilhas AA (1,5 volts) com suporte

1 interruptor de 2 chaves pequeno

1 minimotor 130 1V-6V

60 cm de cabo flexível (fio)

Tesoura sem ponta

Cola quente

Descascador de fio

Fita isolante

Siga o mestre: Passo a passo

Vamos iniciar montando o circuito elétrico.

1
O primeiro passo será cortar 6 pedaços de fios de 10 cm cada um. Descasque cada pedaço em ambas as pontas por 2 cm.

2
Agora coloque dois fios descascados em cada um dos componentes (motor, interruptor e suporte de pilha), enrolando-os no suporte desses componentes.

Neste orifício, colocar o fio e isolar com a fita isolante.

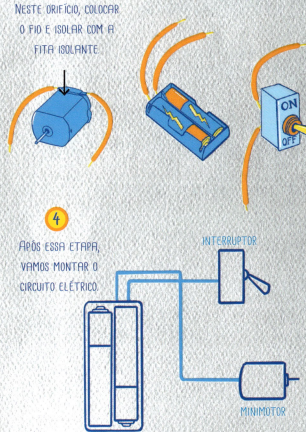

INTERRUPTOR

SUPORTE COM PILHAS AA

MINIMOTOR

3
Faça as vedações com fita isolante.

4
Após essa etapa, vamos montar o circuito elétrico.

5
Após a montagem, ligue o interruptor e verifique se ele está funcionando. Se não estiver, refaça os passos com cuidado.

Desestabilizando o motor

Para fazer o motor vibrar, vamos desestabilizá-lo. Para isso, passe um pouco de cola quente na parte metálica do motor, para que fique mais pesado e passe a vibrar. Em vez disso, você pode, também, colar um pedaço de plástico, como um círculo de garrafa PET.

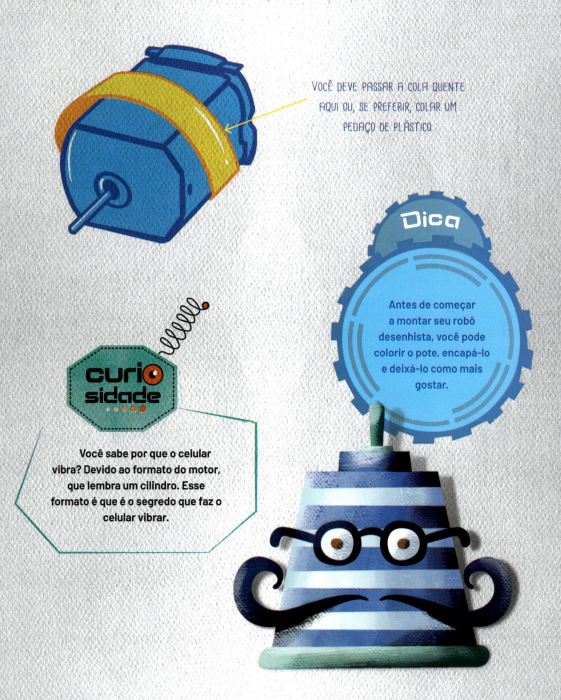

Você deve passar a cola quente aqui ou, se preferir, colar um pedaço de plástico.

Curiosidade

Você sabe por que o celular vibra? Devido ao formato do motor, que lembra um cilindro. Esse formato é que é o segredo que faz o celular vibrar.

Dica

Antes de começar a montar seu robô desenhista, você pode colorir o pote, encapá-lo e deixá-lo como mais gostar.

Agora, vamos montar o robô.

Pegue o circuito montado e encaixe dentro do pote (que é o seu robô). Cole o motor na parte superior do robô, para que possa vibrar e se movimentar. Tente deixar o suporte e os fios na parte interna também e cole o interruptor na lateral do pote.

② Cole as canetinhas com cola quente, de forma que elas fiquem em pé.

Testando o robô desenhista

Agora, teste o seu robô: tire as tampas das canetinhas e coloque o robô sobre uma folha de sulfite. Ligue o interruptor. O robô deverá fazer movimentos circulares e pontilhismos. Caso não esteja funcionando, veja se os fios estão bem conectados e isolados.

Arquivo da autora

PROGRAMAÇÃO

Você já ouviu falar em programação?

A programação é um processo de escrita de um código para um programa de computador. O programador é quem irá descrever tarefas a serem realizadas pelas máquinas para atenderem a determinadas finalidades. Os programas são compostos de um conjunto determinado de instruções com uma finalidade, como, por exemplo, fazer um carro funcionar, um robô andar, um programa falar, entre outras.

O código que é realizado é chamado de fonte. São as instruções em determinada linguagem de programação e correspondem a um conjunto de palavras e comandos escritos de maneira lógica.

Esse código é interpretado pelo computador e transforma-se em uma linguagem de máquina, permitindo ao programa cumprir a função de modificar, editar, salvar um dado ou informação e realizar uma ação.

Todos nós somos programadores e diariamente realizamos a programação de alguma coisa. Por meio da programação, conseguimos entender o que existe por trás de um jogo, de uma notícia, e ainda exercitamos o raciocínio lógico, a colaboração e a atenção.

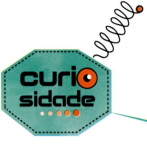

A programação está diretamente ligada à história dos computadores. A primeira pessoa a fazer uma programação foi uma mulher — Ada Lovelace (1815-1852) —, que escreveu um código para a máquina analítica de Charles Babbage, máquina robusta considerada uma precursora dos computadores.

PROGRAMAÇÃO DESPLUGADA E PROGRAMAÇÃO PLUGADA

Todos os protótipos que você aprendeu até agora usaram um tipo de programação: a programação **desplugada**, que é aquela que realizamos sem a necessidade de usarmos programas específicos; ela é feita de maneira concreta, com princípios básicos da programação, mas sem usar um computador.

Ao construir a mão mecânica, você mobilizou alguns princípios de programação relacionados a noções espaciais; para acender um *LED*, também seguiu comandos a fim de que isso ocorresse.

É muito importante compreendermos sempre que somos nós que realizamos a programação, tanto de maneira desplugada quanto de maneira plugada.

E de que forma fazemos isso? Por meio das orientações espaciais: saber localizar o que está à direita ou à esquerda; à frente ou atrás; acima ou abaixo. Ter noção de perto, longe, alto, baixo, longo, curto.

Orientação espacial é a capacidade que as pessoas têm de se situar e de se orientar em relação a objetos, pessoas e ao seu próprio corpo em um determinado espaço.

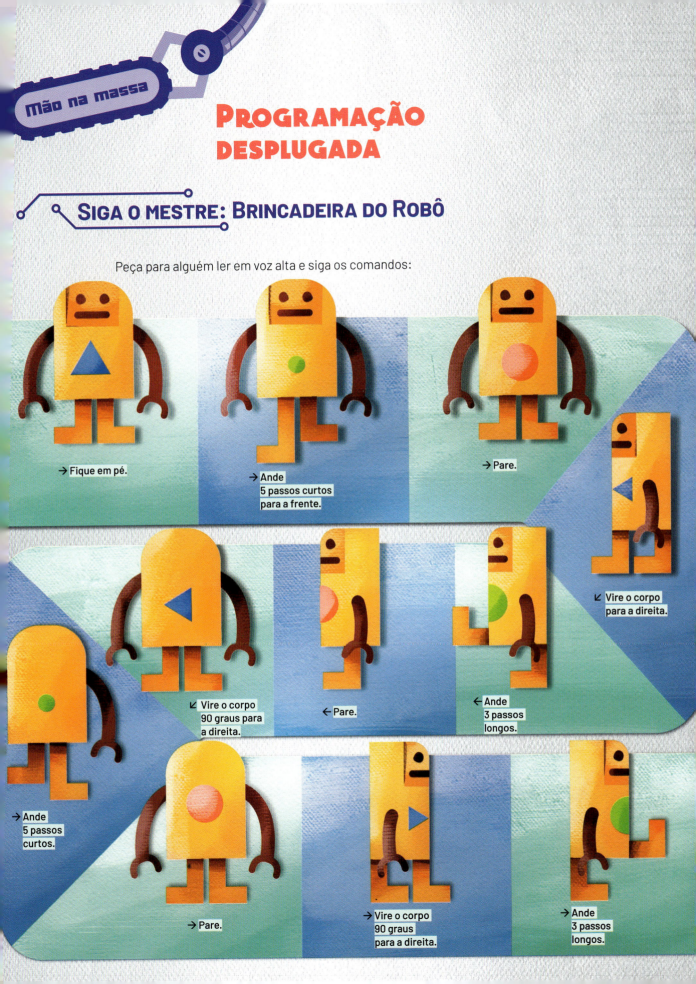

Você conseguiu realizar o percurso, certo? Agora responda: Qual foi a forma geométrica que você realizou? Se você respondeu "retângulo", acertou!

Agora que você já entendeu o que é uma programação desplugada, vamos conhecer a programação plugada. O conceito é o mesmo, só que agora falamos ao computador o que ele tem de fazer, qual caminho precisa seguir.

A programação **plugada** é aquela que realizamos usando um *software*, um programa de computador específico. Para uso na educação, há vários programas simples e lúdicos. Um deles é o *Scratch*, que faz com que aprendamos princípios por meio de blocos lógicos para o desenvolvimento das aplicações.

saiba +

Se você quiser conhecer mais sobre o Scratch, acesse o *link*: https://scratch.mit.edu/. Esse é um programa gratuito e bem fácil de manusear. Você pode baixá-lo para uso *on-line* ou *off-line*.

Essa mesma lógica serve para construir um jogo ou um projeto de robótica. Mas tudo o que seu computador faz é processado em dados compostos apenas por 0 e 1. Isso é o que chamamos de **sistema binário**.

SISTEMA BINÁRIO

Chamamos de binário o sistema que utiliza apenas dois valores para representar quantias. Esses dois valores são o 0 e o 1. É por meio do sistema binário que o computador cria todas as informações. A partir desses dois algarismos são formadas sequências e a partir dessas sequências, letras, palavras, textos, cálculos.

51

Mão na massa

Idealizando o seu projeto

Quanta coisa incrível aprendemos e construímos! Começamos com o carrinho movido a força elástica, depois a mão mecânica, o circuito em papel, o robô desenhista, e conhecemos a programação desplugada e o sistema binário.

Chegou o momento de você desenvolver seu próprio projeto usando os conhecimentos que aprendemos até agora. Para isso, revisite o livro e os projetos e siga os passos dados. Mas antes veja as dicas de como se organizar.

Antes de qualquer projeto temos de nos organizar e trabalhar com três passos: o planejamento, o desenvolvimento e o teste.

Planejamento: Nesse momento você tem de listar tudo o que se refere ao projeto que será criado – em que consiste de que materiais precisa, como será feito, as dificuldades etc.

Desenvolvimento: Consiste em dar vida ao seu projeto. É quando você põe a mão na massa para fazer com que funcione.

Teste: Nessa fase, você terá de comprovar que não existem falhas e que tudo funciona corretamente, e, em caso de encontrá-las, corrigi-las.

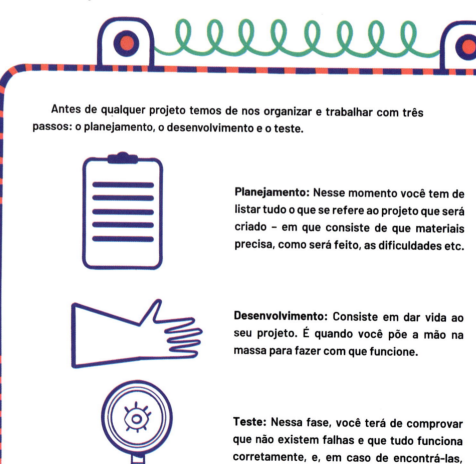

SIGA O MESTRE: CONSTRUINDO O SEU PROJETO

Agora use sua criatividade para criar novas ideias. Você pode fazer o quiser.

Siga os passos adiante, anotando tudo em seu caderno. Planeje e não se perca. Se preferir, você pode realizar um **mapa mental**, conforme o modelo abaixo:

Mapa mental: *é um jeito criativo de organizar informações de forma a ajudar a visualização e memorização do que você está planejando.*

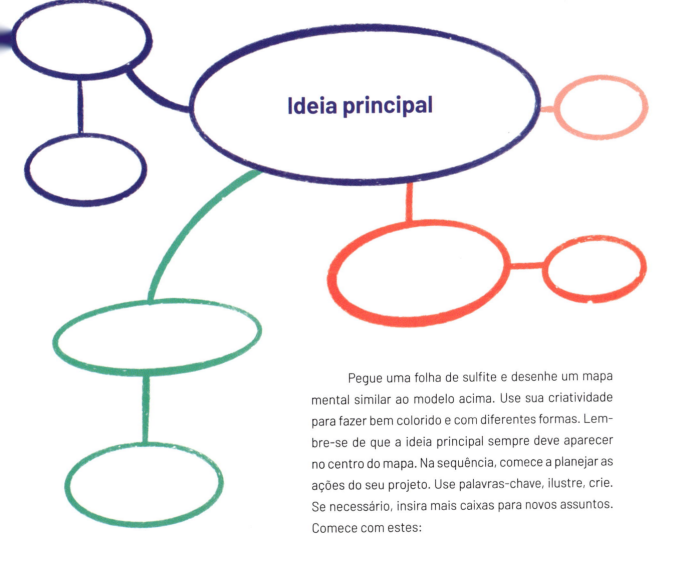

Pegue uma folha de sulfite e desenhe um mapa mental similar ao modelo acima. Use sua criatividade para fazer bem colorido e com diferentes formas. Lembre-se de que a ideia principal sempre deve aparecer no centro do mapa. Na sequência, comece a planejar as ações do seu projeto. Use palavras-chave, ilustre, crie. Se necessário, insira mais caixas para novos assuntos. Comece com estes:

① IDEIAS DO QUE EU GOSTARIA DE CONSTRUIR. Liste várias ideias e escreva no seu mapa mental qual gostaria e construir.

② LISTA DE MATERIAIS. Pense em coisas que você tenha em casa e, caso não possua nenhum material, planeje a substituição.

③ CIRCUITO ELÉTRICO OU EM PAPEL. Se for usar o circuito elétrico, planeje e realize a representação no seu caderno, desenhando o circuito escolhido.

④ DIFICULDADES PARA REALIZAR O PROJETO E SOLUÇÕES ENCONTRADAS. Planeje e anote as eventuais dificuldades para realizar o projeto e quais são as possíveis soluções.

⑤ MEU PROJETO. Agora que todas as etapas foram pensadas, chegou a hora de colocar a mão na massa e desenvolver o seu projeto. Não se esqueça de fazer a representação dele.

⑥ TESTANDO O PROJETO. Todos podemos criar e desenvolver projetos incríveis, e a melhor maneira de aprendermos é errando, testando, refazendo, criando, recriando. A aprendizagem com as mãos proporciona colocar em prática muitos aprendizados. O processo de criação é fruto de informação e de planejamento.

No final, que tal compartilhar com seus amigos e familiares?

Você sempre vai ouvir que "não adianta"!

Geralmente de pessoas que nunca tentaram! Quando for assim, não liga!

Nada incomoda mais quem não faz nada... ...do que alguém que tenta fazer alguma coisa!

© Alexandre Beck
beckilustras@gmail.com

Agora que vimos uma série de possibilidades, que tal se aprofundar em leituras e se inspirar? **Walter Isaacson** é jornalista e escritor norte-americano. Já foi presidente e diretor executivo do Instituto Aspen e da CNN, além de editor da revista *Time*. Isaacson escreveu obras como "Os Inovadores – uma biografia da revolução digital" (Companhia das Letras, 2014), e "Leonardo da Vinci" (Intrínseca, 2017), que conta sobre as invenções e a genialidade do artista e cientista.

FINAL DA AVENTURA

Chegamos ao final da nossa aventura. Foi incrível conhecer a cultura *maker* e dar os primeiros passos na robótica, vendo curiosidades e aprendendo sobre o passado e presente.

Juntos, tivemos a oportunidade de construir diversos projetos, e por fim você pode colocar em prática o que aprendeu e idealizar e fazer o seu próprio projeto.

Além de tudo, você também aprendeu a cuidar do nosso planeta, exercer ações sustentáveis, como o reaproveitamento de materiais para construir novos projetos, e colocar a filosofia *maker* em ação ao praticar sustentabilidade, escalabilidade, compartilhamento e muita **mão na massa.**

Agora você já pode mergulhar em novas ideias. Reúna os amigos, os familiares, e não se esqueça de usar e praticar os 5 R's. Este é apenas o início de novas e interessantes aventuras!

Arquivo da autora

SOBRE A AUTORA

Sou professora da rede pública de ensino na cidade de São Paulo, mas desde pequena sempre gostei de desmontar coisas, para conhecer como elas funcionam por dentro. Minha formação foi na área de Letras e Pedagogia. Também sou mestra em Linguística Aplicada.

Como professora, conheci muitas histórias e pude contribuir com a formação de outras pessoas. Mas o mais importante foi conseguir unir minhas duas paixões: ser professora e usar a tecnologia e a inovação com meus alunos. Junto com os estudantes criamos o trabalho de robótica com sucata, que me elegeu como uma das 10 melhores professoras do mundo, pelo "Global Teacher Prize", um importante prêmio internacional, considerado o Nobel da Educação.

Muitas das experiências apresentadas neste livro foram testadas em sala de aula e, agora, apresento a vocês, para que a paixão pela tecnologia se multiplique por muitos estudantes mais!

Débora Garofalo

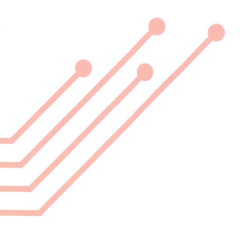